L'ABBÉ MAURY,

OU LA SUITE

DU SAVETIER DE PÉRONNE,

COMÉDIE NOUVELLE EN UN ACTE,

MÊLÉE DE VAUDEVILLES.

Par le Citoyen FERRAND, *Homme de Lettres, à Rouen, rue Saint-Vigor.*

 A ROUEN,

De l'Imprimerie de BERTHELOT, rue des Faulx, numéro 73, an X de la République.

PERSONNAGES.

LE PERE MAURY.

CHARLOTTE sa femme.

EUGÉNIE sa fille.

L'ABBÉ MAURY en Pélerin.

COLIN Amant d'Eugénie.

UN MARCHAND DE JOURNAUX, *Ingénu.*

UN AGENT DE VILLAGE.

UN NOTAIRE.

La Scene se passe à Péronne.

L'ABBÉ MAURY.

Le Théâtre représente un sallon, une table et deux chaises.

ACTE PREMIER.

SCENE PREMIERE.

LA FEMME MAURY *vient seule.*

Bon Dieu! bon Dieu, que de mal quand on marie des filles; j'aimerois mieux marier dix garçons?

LE P. MAURY.

Hé bien not' femme, qu'as-tu donc? Tu as l'air toujours en colere, comme à ton ordinaire.

LA FEMME MAURY.

J'ai bien du mal, épis v'là tout, aller d'un côté & de l'autre : ah! je ne voudrois pas marier des filles tous les jours : heureusement voilà la derniere; ce n'est pas comme toi, qui ne pense qu'à boire.

LE P. MAURY.

Tu as tort not' femme, si tu as du mal, crois-tu que je n'en aie pas non plus : qu'est-ce qui va aller chez le Tabellion, chez monsieur le Curé, chez les Ménétriers? Ainsi tu vois que chacun à sa besogne à faire. Dis-moi un peu où est à présent ta fille qu'on ne l'a pas encore vue aujourd'hui?

LA FEMME.

Mon mari, elle travaille dans sa chambre, pour arranger les rubans et les bouquets. (*On frappe.*)

LE P. MAURY.

Not' femme, va un peu voir qu'est-ce qui me demande. (*Elle part.*)

LA FEMME MAURY *vient.*

Mon mari, c'est un Monsieur en Pélerin, qui tient un papier à sa main pour te le faire voir.

LE P. MAURY.

Fais-le entrer?

SCENE II.

Un Pélerin vient, s'approche très-doucement

LA FEMME (*à part*).

Parbleu, en voilà un qui vient bien mal à-propos, à la veille d'un mariage; j'avons bien d'autres choses à faire que de l'écouter. Monsieur, donnez-vous la peine d'approcher, voilà mon mari qui va vous parler.

(*Elle part*).

LE PÉLERIN *saluant le pere Maury.*

Monsieur, dites-moi, je vous prié, si j'ai encore bien loin pour faire tenir cette lettre à son adresse.

LE P. MAURY.

Monsieur, permettez que je vois l'adrese. (*Il lit.*) Mon ami, vous n'avez pas besoin de vous déranger. Cette lettre est pour moi; permettez-moi, je vous prie, d'en faire la lecture, afin de voir s'il n'est pas nécessaire de vous donner une réponse.

LE PÉLERIN.

Monsieur, avec bien du plaisir. (*Lettre.*)

LE P. MAURY *lit la lettre.*

Mon pere, je profite de l'occasion d'un de mes meilleurs amis et des vôtres, qui va voir son pere à Paris, qui veut bien se charger de vous remettre ma lettre, et vous assurer de mes respects; je me porte bien grace à Dieu; le porteur de la présente vous en dira davantage. Je vous embrasse tous de tout mon cœur.

EMMANUEL-DORAT MAURY votre fils.

LE P. MAURY *au Pélerin.*

Monsieur, comme il est un peu tard, voulez-vous nous faire l'honneur d'accepter à souper avec nous, bien entendu à coucher aussi; nous sommes un peu embarrassés effectivement, car demain nous marions notre fille Eugénie à Colin, fermier de monsieur Deplombal.

LE PÉLERIN.

Tant mieux, Monsieur, j'aurai le plaisir d'être de la cérémonie, autant que vous voudrez bien me le permettre.

LE P. MAURY.

Comment donc, Monsieur, un des amis de mon fils, nous fera bien de l'honneur : en attendant le souper, voulez-vous accepter un verre de vin?

LE PÉLERIN.

Monsieur, avec plaisir.

LE P. MAURY *à sa femme.*

Oh ça not' femme, va nous chercher une bouteille de vin & quelques biscuits. (*Elle part.*)

SCENE III.

Eugénie apporte la table, la femme le vin, les verres et biscuits.

Not' homme tu n'as plus besoin de rien?

LE P. MAURY.

Non; tu vas aller faire préparer le souper et une chambre pour monsieur. (*Elles sortent.*)

LE PÉLERIN.

Monsieur, vous avez une femme charmante :

LE P. MAURY.

Monsieur, vous avez bien de la bonté : oui, dans son jeune temps, elle en valoit bien une autre, et n'étoit pas trop déchirée, comme vous voyez.

LE PÉLERIN.

C'est sans doute là, Monsieur, la demoiselle que vous mariez demain ; elle est très-aimable, je vous assure.

LE P. MAURY.

Ah ! Monsieur, sa sœur aînée qui est mariée à Jacques est encore bien autrement.

LE PÉLERIN.

Monsieur, avez-vous bien des enfants, pardon, je vous prie de ma curiosité.

LE P. MAURY

Monsieur, je n'ai que deux filles, et mon fils de Florence, celui qui vous a remis ma lettre, que je voudrois bien embrasser avant de mourir.

LE PÉLERIN.

Monsieur, vous le verrez dans peu, je vous le promets.

LE P. MAURY *au Pélerin.*

Monsieur, que le ciel puisse vous écouter ! Allons, monsieur, buvez un verre de vin. (*Ils boivent.*)

LE PÉLERIN.

Quel âge a-t-elle mademoiselle votre fille que vous mariez demain ?

LE P. MAURY.

Monsieur, elle aura dix-huit ans à la Toussaint.

LE PÉLERIN.

Elle est très-formée pour son âge :

LE P. MAURY.

A propos, Monsieur, y a-t-il long-temps que vous avez vu mon fils ? je vous fais cette question, parce que c'est lui qui m'écrit.

LE PÉLERIN.

Monsieur, il y a environ un mois que je me trouvai à son Abbaye ; c'étoit la fête du patron du lieu : monsieur votre fils comme étant abbé officioit, vous auriez juré que c'étoit monsieur votre évêque, de la maniere dont il étoit décoré : nous sommes très-liés ensemble, je vais manger souvent chez lui, et il vient quelquefois chez moi : il m'a conté un jour ces fredaines, et qu'il avoit parti de chez vous sans vous dire où il alloit.

LE PÉLERIN.

Oui, Monsieur, cela est vrai; il nous a causé bien du chagrin; car, dans ma colere, je voulois le déshériter.

LE PÉLERIN.

Monsieur, dans la colere ont dit bien des choses que l'on ne feroit pas après:

LE P. MAURY.

Est-elle considérable cette Abbaye?

LE PÉLERIN.

Monsieur, elle peut valoir, année commune, cinquante mille francs de rente.

LE P. MAURY.

Il peut bien vivre comme il faut avec cela: est-ce un beau pays encore?

LE PÉLERIN.

Le plus beau pays du monde; des jardins magnifiques et beaucoup de poissons.

LE P. MAURY *au Pélerin*.

Monsieur, les vivres y sont-ils abondants?

LE PÉLERIN.

Tout aussi bien qu'à Paris. A propos, il m'a dit qu'il avoit envie de venir vous voir, pour vous embrasser, et vous demander excuse de la peine qu'il a pu vous causer, quaud il a parti, il m'en parle toutes les fois que je vais le voir.

LE P. MAURY.

Ah: je connois bien là son bon naturel! Monsieur, resterez-vous long-temps avec nous?

LE PÉLERIN.

Monsieur, deux jours seulement.

LE P. MAURY.

Monsieur, va sans doute pour quelques affaires à Paris? pardon, je vous prie, de ma curiosité.

LE P. MAURY.

Monsieur, je vais vous satisfaire, c'est à-peuprès une affaire comme celle de monsieur votre fils. Mon pere, bijoutier sur le Pont-Neuf, à Paris, n'ayant que moi d'enfants, vouloit que je restasse à ses côtés, comme un Tuteur qui a toujours ses clefs pendus à sa ceinture, crainte qu'on ne lui enleve sa pupile : ne voulant point être à la taquette à travailler avec lui, un bon matin, que mon pere a été couché plus long-temps que de coutume, j'ai eu grand soin de bien garnir ma bourse; et, sans bruit ni tambour, je m'en vais, sans dire mon départ à personne : mon pere me fait chercher partout, jusqu'à la Morne; quelqu'un de Roüen m'ayant reconnu dans Florence, en donne avis à mon pere, où, quelques jours après, je reçois une lettre où il me marque qu'il m'a déshérité; c'est ce qui m'engage d'aller à Paris, pour avoir mon pardon. Ah que je ferois heureux, s'il pensoit comme vous à l'égard de M. votre fils.

LE P. MAURY.

Monsieur, si vous voulez, je veux vous rendre service; je me charge d'écrire à M. votre pere une lettre pour vous; d'ailleurs, j'ai des amis dans cette capitale; je suis sûr, par leur intercession, que Monsieur votre pere vous pardonnera, comme j'ai fait à mon fils.

LE PÉLERIN (à part.)

Non, je n'y puis plus tenir; mon Dieu, qu'allois-je faire (*continuant*); monsieur, souffrez que je vous embrasse. (*Il l'embrasse.*)

LE P. MAURY.

Monsieur, resterez-vous long-temps à Paris.

LE PÉLERIN.

Monsieur, huit jours seulement.

LE P. MAURY.

Oh ça, si vous repassez par chez nous, j'espere que vous voudrez bien descendre à la maison; il y aura toujours un lit à votre service.

LE PÉLERIN (à part.)

Bon! ça ne va pas mal.

LE PÉLERIN.

Papa Maury, que voulez-vous que je dise à Monsieur votre fils, à mon arrivée à Florence?

LE P. MAURY.

Monsieur, vous l'embrasserez bien pour nous, et lui

direz que je lui pardonne le chagrin qu'il nous a causé, que je lui rends toute mon amitié, mais à une condition; c'est qu'il ne m'oublie pas dans ces prieres.

LE PÉLERIN.

Monsieur, je me flatte qu'il n'y manque pas tous les jours.

SCENE IV.

La Femme Maury vient.

Not' homme, quand tu voudras venir avec monsieur, le souper est servi. (*Elle part.*)

LE P. MAURY *au Pélerin.*

Allons monsieur, venez souper : ah ! quel dommage que mon fils ne soit pas à votre place, quel plaisir j'aurois de l'embrasser, depuis si long-temps que je ne l'ai vu.

LE PÉLERIN.

Monsieur, vous allez être satisfait.

Jette bas sa robe de Pélerin, se trouve en habit noir, sa calotte luisante, sa croix attachée à la boutonniere de sa veste, met un genou par terre?

Hé bien mon pere, vous voyez à vos genoux ce fils coupable, permettez qu'il vous embrasse.

LE P. MAURY.

Oh ! ciel, mon fils, comment est-il possible que je te revoie, depuis si long-temps. (*Il l'embrasse*).
(*On fait du bruit.*)

Le fils Maury se levant, met son chapau sur ses yeux.

LA FEMME MAURY.

Hé bien not' homme, viens-tu donc souper, où est donc ce Pélerin, qu'as-tu donc, tu parois bien ému?

LE P. MAURY.

Not' femme, on le seroit à moins,
Connois-tu ce monsieur là ?

LA FEMME *le regardant depuis les pieds jusqu'à la tête, fait une grande révérence.*

Not' homme, je n'ai pas l'honneur de connoître Monsieur, c'est peut-être monsieur notre Evêque, qui se promene, et qui vient pour te donner sa pratique, et tous les gens de sa maison : tant mieux, ça va nous donner de l'ouvrage davantage.

LE FILS MAURY *mettant un genou à terre.*

Non, ma mere, ce n'est pas monsieur l'Evêque ; mais bien votre fils Emmanuel, de Florence, qui a profité des bontés du premier Consul, par le moyen de l'amnistie qu'il a accordé aux étrangers, pour rentrer en France, et venir vous embrasser.

La femme Maury jette un cri de surprise, se trouve mal de joie ; on la porte chez elle. (Tout le monde la suit).

SCENE V.

LE P. MAURY *vient avec Eugénie sa fille et Colin.*

J'ai une bonne nouvelle à vous apprendre, mes enfants.

EUGÉNIE.

Qu'avez-vous appris mon pere ?

LE P. MAURY.

Mes enfants, c'est l'arrivée de mon fils, de Florence ; tenez, le voilà qui s'avance ?

EUGÉNIE.

Va au devant de lui, et l'embrasse.

LE P. MAURY.

Mes enfants, j'avois prié monsieur le Curé pour vous marier demain ; mais c'est monsieur votre frere qui vous marira ; monsieur le Curé ce fera un plaisir de le servir à la Messe : que dites-vous mon fils ?

LE FILS MAURY.

Mon pere, je n'ai rien à vous refuser ; mais, auparavant de souper, tenez, recevez ce papier, c'est un contrat de toute la maison que vous occupez ; je l'ai achetée ; elle est à vous.

LE P. MAURY.

Mon fils, je vous remercie. (*Il l'embrasse*).

LE FILS MAURY.

Et vous ma sœur, pour votre cadeau de noce, voilà aussi un contrat d'une Ferme que j'ai achetée de monsieur de Plombal ; elle est à vous.

EUGÉNIE.

Ah ! mon frere, que je vous embrasse ! mon futur a bien envie de vous embrasser, mais il n'oseroit.

LE FILS MAURY.

Viens mon garçon, viens. (*Colin l'embrasse.*)

LE P. MAURY.

Que le ciel ! mes enfants accomplisse vos vœux, le commerce et la paix, et tous les peuples heureux.

SCENE VI.

L'Agent du village, décoré de son écharpe, vient avec le pere Maury.

Papa Maury, on m'a appris une bonne nouvelle.

LE P. MAURY.

Qu'avez-vous appris, monsieur l'Agent ?

L'AGENT.

On dit que monsieur de Calonne doit revenir à Paris, et le cardinal Maury : si c'étoit votre fils, qu'en dites-vous ?

LE P. MAURY.

Cela me feroit bien plaisir.

L'AGENT.

Voyez-vous les journaux, maintenant ?

LE P. MAURY.

Tous les huit jours, chez not' Curé; mais depuis très-long-temps ils ne sont pas bien intéressants.

L'AGENT.

Hé bien ! monsieur, je les vois tous les jours.

LE P. MAURY.

Monsieur l'Agent, vos moyens vous le permettent. Mais j'entends crier le journal.

UN JOURNALISTE *entre*, (*criant.*)

Journal du soir : voilà du nouveau, donné tout-à-l'heure.

L'AGENT.

Monsieur le Journaliste, avancez, et donnez-moi le journal.

LE JOURNALISTE.

Monsieur, le voici.

L'AGENT.

Tiens, mon ami, voilà 24 sols.

LE JOURNALISTE.

Monsieur, je n'ai pas de quoi vous rendre.

L'ABBÉ MAURY.

Mon ami, garde tout, je m'arrangerai avec monsieur l'Agent.

LE JOURNALISTE.

Monsieur, je vous remercie.

L'ABBÉ.

Mon ami, bois un coup, et chante nous un couplet.

LE JOURNALISTE *salue ces messieurs, s'avance, et fait ces trois saluts, et boit.*

L'AGENT.

Messieurs, pendant que le Journaliste va se rafraîchir : voyons l'intitulé seulement du journal.

Arrivée d'une quantité de navires, venant des Colonies avec bien des sucres et cotons ; deux autres navires chargés de bled. Arrivée prochaine de monsieur de Calonne : trouble toujours en Egypte ; révolte de Belgrade.

L'AGENT.

Monsieur l'abbé vous invite de chanter une chanson. Allons, monsieur le Journaliste, la premiere venue.

(Air : *C'est ce qui me console.*)

Mon Dieu, mon Dieu, que j'ai de mal,
Pour vendre mon pauvre journal;
Tout cela me désole (*bis*)
Monsieur l'abbé à son retour,
Pourra me faire du bien un jour,
C'est ce qui me console. (*bis.*)

L'ABBÉ MAURY.

Mon garçon, tu viendras me voir demain, entends-tu ? et je te donnerai de quoi pour ta peine.

LE JOURNALISTE.

Monsieur, j'aurai soin de n'y pas manquer. *Il part en criant (journal du soir.)*

L'ABBÉ MAURY.

Le marchand de journaux, n'a pas l'air si imbécile qu'on le croit : je pense qu'il est plus savant que vous ne pensez ; j'ai envie de l'entretenir demain; je veux lui faire du bien.

LE P. MAURY.

Mon fils, je vais l'engager à souper, si ça vous fait plaisir.

L'ABBÉ MAURY.

Mon pere, comme vous jugerez à-propos.

LE P. MAURY.

Hé bien, monsieur l'Agent, vous serez donc bien aise de voir mon fils, de Florence.

L'AGENT.

Oui, monsieur Maury, beaucoup.

L'ABBÉ.

Hé bien, monsieur l'Agent, c'est moi-même.

L'AGENT.

Comment, Monsieur, seroit-il possible ? permettez que je vous embrasse. (*Il l'embrasse.*)

L'ABBÉ.

Mon pere, ma sœur Charlotte est-elle heureuse ?

LE P. MAURY.

Oui, mon fils, très-heureuse.

L' ABBÉ.

Tant mieux, mon pere, n'y a-t-il pas un Notaire ici près ?

LE P. MAURY.

Mon fils, nous avons M. Gilles, excellent Notaire, à deux pas.

L' ABBÉ.

Qu'on l'envoie chercher.
(*La femme Maury vient.*)

LE P. MAURY.

Not'femme, va dire à M. Gilles, Notaire, de venir de suite. (*Elle part.*)

L' AGENT.

Comment, papa Maury, Monsieur votre fils étoit arrivé, et vous ne m'en avez point informé ?

L' ABBÉ.

Monsieur l'Agent, c'est moi qui l'en a empêché, je voulois vous surprendre agréablement.

L' AGENT.

Monsieur, vous avez très-bien réussi.

M. GILLES, *Notaire, vient, tenant des papiers à sa main, salue la compagnie, et s'approche du pere Maury.*

Monsieur, Madame vient de passer chez moi, et m'a dit que vous aviez besoin de mon ministere ?

LE P. MAURY.

Monsieur, c'est pour faire le contrat de mariage de Colin avec ma fille Eugénie, que voici réunis devant vous.

LE NOTAIRE *s'assied, écrit quelques mots.*

Messieurs, les formes sont remplies. Signez.
(*On signe.*)

LE P. MAURY.

Allons, mon fils, signez.

LE NOTAIRE *surpris.*

Comment, papa Maury, c'est donc M. votre fils, que vous avez pleuré depuis si long-temps, que voici ?

LE P. MAURY.

Oui, Monsieur, voilà vingt ans que je ne l'ai vu, et c'est lui qui mariera demain ma fille.

LE NOTAIRE.

Ah! Monsieur, combien ma joie est grande de vous revoir dans Péronne; j'ai toujours eu un pressentiment, si-tôt que j'ai vu dans nos papiers l'amnistie, que vous nous surprendriez agréablement à quelque jour. Y a-t-il long-temps que vous êtes dans nos murs?

L'ABBÉ MAURY.

Monsieur, vingt-quatre heures.

LE NOTAIRE.

Monsieur va, sans doute, faire sa résidence à Péronne?

L'ABBÉ.

Monsieur, huit jours seulement; j'ai besoin ailleurs. M. le Notaire, un couplet, et monsieur Colin en chantera un aussi après vous.

LE NOTAIRE.

Monsieur, avec plaisir.

(AIR : *Femmes, voulez-vous éprouver ?*)

Votre retour, monsieur l'Abbé,
Cause une grande joie dans Péronne;
Les habitants, en vérité,
Désirent beaucoup votre personne.
Monsieur ne vous en allez pas,
Vous nous rendrez un grand service;
Et monsieur l'Evêque d'Arras
Vous donnera un Bénéfice. (*bis.*)

L'AGENT.

Allons, monsieur l'Abbé, une chanson.

L'ABBÉ.

(AIR : *Calpigy.*)

En quittant la ville de Péronne,
Je fus trouver monsieur de Calonne,
Qui me dit, bon jour, mon ami,
Comment te portes-tu, Maury ? (*bis.*)

Nommé de suite à l'Assemblée,
Ma perte aussi-tôt est jurée ;
Craignant chaque jour pour ma vie,
Je me retire en Italie. (*bis.*)

LE P. MAURY.

(AIR : *Il faut des Epoux assortis.*)

Je te trouve aujourd'hui, mon fils,
Depuis plus de quinze ans d'absence ;
Venez le voir tous mes amis,
Il est Evêque près Florence.
Bonaparte a comblé mes vœux,
Par le moyen de l'amnistie.
Ah ! combien donc nous sommes heureux,
N'est-il pas vrai, mon Eugénie. (*bis.*)

EUGÉNIE.

Oui, mon pere. Allons, mon frere, une chanson.

LE FILS MAURY.

(AIR : *La Comédie est un miroir.*)

Le Ciel a exaucé mes vœux,
Je retrouve aujourd'hui mon pere ;
Oui, je n'ai cessé en tous lieux
De l'invoquer dans ma priere :
Après la noce mes enfants,
Je vais repartir pour Florence ;
Je vous souhaite très-long-temps,
Toutes profpérités en France.

AU PARTERRE.

Le retour de mon fils comble aujourd'hui mes vœux ;
Si vous êtes contents, nous serons trop heureux.

(*Ils se retirent en arriere, et la toile tombe.*)

Signé, FERRAND.

Permis d'imprimer et représenter ladite Piece, n'ayant rien de contraire aux principes républicains, approuvée par nous Membres du Conseil de Police et Militaire de la ville du Havre en état de siége, le
Signés, D. ANCEL, TIÉCHARD, V. WATTER.

www.ingramcontent.com/pod-product-compliance
Lightning Source LLC
Chambersburg PA
CBHW071450060426
42450CB00009BA/2360